Dictionnaire sans prétention
de l'économie prétentieuse

DU MÊME AUTEUR

Complainte d'une femme mariée, BoD, 2009
L'atéchisme, BoD, 2010
Prendre le Maquis, BoD, 2011
Elections 2012, abstention ou complicité ? BoD, 2012

Camille Case

Dictionnaire sans prétention
de l'économie prétentieuse

A

AAA

Dire : « Triple A »

Expression la plus élaborée de la pensée économique. D'origine « andouillère » on pense qu'elle signifie : « pas bien ».

Abattement

Attitude dépressive à la réception de la feuille d'impôts.
On parle aussi d'allègement désignant ici le moindre poids du compte en banque après la perception.

Absentéisme

Désigne l'intelligence économique.

Abus de position dominante

Missionnaire d'un certain poids.

Adaptabilité

Prouesse physique qui consiste à porter des vêtements trop étroits et trop courts. On ne reproche pas aux vêtements d'être mal taillés mais au porteur de ne pas faire l'effort de s'y adapter.

Acronyme

Tentative de réduire à peu de mots la réalité prétendue complexe du monde économique : PIB, MES, PSC, ROE… Dissimule également les réels pouvoirs économiques et politiques de la mondialisation : FMI, OMC, BCE, AED, UE…
(→ Oligarchie).

Actionnaires

Du latin *actio* : « fait de rendre grâce ».

Propriétaires du foutoir ambiant, ces nouveaux seigneurs ont en horreur la Renaissance à laquelle ils préfèrent la féodalité. Emmurés derrière leurs remparts, invisibles aux yeux des serfs, ils volent, pillent et se combattent laissant derrière eux la misère des peuples.
Ils rendent grâce à la « Main Invisible » qui la leur rend bien.

Agences de notation

Augures contemporaines qui fouillent les entrailles des affaires et des Etats pour y lire les présages. Sorcières de l'économie, astrologues du « business », elles s'entêtent dans l'erreur : Enron, Lehman Brothers…
Au service des banques auxquelles elles livrent le cadavre des peuples, elles servent les intérêts de leurs actionnaires (Warren Buffet par exemple). Il est dit de ces agences par les économistes bon teint qu'elles sont des thermomètres en oubliant de signaler qu'elles sont à l'origine de la température.
Les pouvoirs de ces agences sont désormais supérieurs à ceux des nations ; retour d'une époque où les haruspices déterminaient le destin des Hommes ; quel progrès !

Agenda

Prétention à maîtriser le temps.

Agios

Du latin *aisium* : « Bénéfice ajouté ».

Perception usuraire.

Anomie

Dissolution de la société consécutive à l'implosion des règles sociales. La marchandise brise le lien social avec comme conséquence l'émergence d'une société faite d'une juxtaposition d'individus et une désagrégation de ce qui faisait un ensemble.
L'anomie est le succès des idéologies marchandes.

Argent

Dérivé du latin *arguus* : « éclat ».

Finalité mondialisée de l'activité humaine. Les enfants vont toujours vers ce qui brille.

Assiette

Garnie de cotisations.

Assistanat

Du latin *assistere* : « être auprès de quelqu'un ».

Selon quelques thuriféraires néolibéraux : cancer de la société.

L'assistance à personne en danger serait donc une maladie maligne et mortelle. Quand les bourreaux réclament le statut de victimes, quand les ennemis sont désignés comme des rongeurs de tissus sociaux alors reviennent en mémoire tous les combats menés pour que de telles outrances verbales ne conduisent pas à la barbarie.
Quel est l'ampleur de ce cancer ? Les personnes âgées bénéficiant du minimum vieillesse perçoivent 708,95 € par mois, les personnes handicapées : 711,95 € et un bénéficiaire du RSA célibataire : 466,99 €.

Il existe un assistanat moins décrié et bien plus conséquent, celui dont profitent la finance et les grandes entreprises : niches fiscales, dérogations et autres exonérations qui, à elles seules, représentent, selon la Cour des Comptes, près de la moitié du budget français. Ici point de cancer, point de dénonciation, point de cris d'orfraie, point d'indignation.
Il s'agit d'une confusion entre deux termes : assistance et assistanat ; l'assistance est un acte de solidarité collective, l'assistanat est une charge collective.
Choisir le mot c'est choisir la société.

Austérité

Du grec *austeros* : « âpre, amer » et *hauhos* : « action de sécher ».

Guerre menée par les usuriers contre les peuples afin de les courber sous le joug d'une dictature qui se prétend démocrate.
Symboliquement, le peuple grec est le premier à subir l'attaque pour faire rendre gorge à cette civilisation qui a osé inventer la démocratie. L'idée est d'assécher les énergies rebelles des peuples pour installer durablement le r ègnefinancier et faire passer l'amère potion.

Auto-entrepreneur

Statut juridique qui permet de créer aisément une entreprise individuelle sans salariés.
Mais aussi : auto-précarité, statut qui permet pour une entreprise d'externaliser les salariés et ainsi transformer des coûts fixes en coûts variables.

Autorité de la concurrence

Organisme chargé de redresser les pratiques anticoncurrentielles.

Signe de la suprématie de la compétition comme système rejetant les valeurs collectives dans les sédiments de l'histoire.

Autorité des marchés financiers

Organisme tentant de réguler la sauvagerie du marché. Désormais, les marchés financiers font autorité.

Autosuffisance

Quand une tribu, une communauté ou une nation subvient à ses besoins par sa propre production.

Suffisance du ton adopté par les économistes officiels qui ne se parlent qu'à eux-mêmes. Auto satisfaits de leurs propos, ils s'auto-suffisent, s'auto-congratulent et ainsi s'autorisent à s'auto-encenser.

B

Balance commerciale

Vision chinoise de l'équilibre des échanges : un kilogramme chinois n'est pas un kilogramme européen.

Banque centrale européenne (B.C.E.)

Animal bancaire européen revenu à l'état sauvage. La B.C.E. prête à bas taux aux banques privées pour qu'elles puissent prêter à taux usuraires aux Etats, aux collectivités, aux citoyens… Statutairement incontrôlable et incontrôlée, elle prive les nations de la zone euro de toute marge de manœuvre économique afin de réduire le pouvoir de la politique. Nouvelle Bastille, elle est au service des marchés et des princes de la finance.

Banquier

Usurier « argentivore » qui transforme tout ce qu'il touche en taux, en échelles et en échéances. Ennemi juré des peuples, le banquier – forcément international et mondialisé – guette ses proies : le (énergie, eau, denrées alimentaires, matières premières…) saigne les peuples, démantèle les gouvernements… un nouveau et implacable tyran. Vampire contemporain, rien ne sert de lui transpercer le cœur, il n'en a pas.

Banque mondiale

Reconnaissable aux dégâts qu'elle provoque dans les pays où elle intervient.
Fille naturelle du néolibéralisme.
En attendant la banque interstellaire.

Banqueroute

Socialisation des dettes.

Bassin d'emploi

Bassin de chômage.

Benchmark

Dans la langue des géomètres : repère de nivellement.

Le Benchmark consiste, pour une entreprise, une organisation, une nation, à observer ce qui lui ressemble pour faire la même chose.

Bénéfice

Du latin *Bene facere* : « faire du bien ». A qui ?

Bien collectif

Propriété que les citoyens d'une nation possèdent en commun ; bien souvent, ce sont leurs seules possessions. Ce bien, convoité par le capital, lui est petit à petit cédé par les gouvernements (autoroutes, patrimoine, aéroports…) sans le consentement des propriétaires ; un vol qualifié. Au dépouillement des bulletins de vote s'est substitué le dépouillement du peuple.

Bouclier fiscal

Bouclier : protection traditionnellement utilisée par la noblesse pour parer aux tentatives politiques de justice fiscale.
La noblesse préfère en effet que les politiques diminuent les dépenses sociales de l'Etat, broient l'ensemble des outils de la solidarité pour ne pas

avoir à les financer. Elle aide les partis politiques par l'obole obtenant d'eux, en retour, une protection asociale.

Bourse

Du latin *Bursa* : « sac de cuir »

Aujourd'hui : « Jurassic Park » où se déchainent et se déchirent les sauriens réincarnés d'un autre monde ; c'est la revanche du sang froid.

Bulle spéculative

Quand les échanges sur un marché dépassent leurs prix habituels.

Jouets de fête foraine pour bambins qui consistent pour son possesseur à souffler sur une bulle extraite d'un liquide mousseux jusqu'à son envol puis son éclatement. La bulle a une destinée connue par l'enfant : son éclatement. L'enfant le sait et c'est l'attente qui le met en joie.
Les bambins n'ont pas grandi et les fêtes foraines sont devenues des foires.

C

CAC 40

Indicateur phare de l'économie, il est le fumet des viandes que les carnassiers s'apprêtent à manger ou à délaisser selon l'appétence. Spectacle obscène proposé au citoyen qui n'en a cure. Festival quotidien du trivial, il est l'expression de l'Etat dans l'Etat. Cet indicateur ne reflète aucune réalité tangible ; il n'est que l'expression de l'état émotionnel des spéculateurs et des commentateurs.

Capital

Du latin *Capitalis* : « de la tête ».

Mot à l'origine d'une idéologie qui prétend organiser la société. Elle se fonde sur un principe intangible : la propriété privée des moyens de production et sa vente sur un marché régi par ce qu'on appelle : la loi de l'offre et la demande. En d'autres termes : le marché est la société.

Le capital est le veau d'or qui, si on le prie, rend les offrandes au centuple.

Meurt s'il ne croît pas, le capital est la dernière finalité humaine, le dernier rôt de la civilisation ; les peuples lui sont soumis, les démocraties lui ont rendu les armes : *Vae Victis* !
Décapiter (enlever la tête) est le verbe qu'il convient d'employer quand il s'agit du capital.

Capitalisme

Tentative vaine de construire un contenu intellectuel à une vulgarité ; comment pourrait-on d'ailleurs quand la voracité se substitue à la raison ?

Cartel

De l'italien *cartello* : « avis de provocation »

Ententes entre des entreprises d'un même secteur d'activité pour supprimer la concurrence et maintenir des prix élevés. Mafia qui ne dit pas son nom : une provocation faite à l'éthique.

C.D.I. (Contrat à Durée Déterminée)

Graal des demandeurs d'emploi et autres titulaires de contrats précaires. Est contraire à la flexibilité exigée par l'employeur. La durée du contrat de travail est dorénavant déterminée pour que l'accroissement du capital soit durable. Le temps des uns est court pour que celui des autres soit long.

Cercle de qualité

Quand les qualiticiens pensent en rond.

Changement

« Changer », du latin *cambiare* : « échanger, troquer » Troquer une situation pour une autre ?

Nouveau concept invoqué en toutes circonstances pour justifier tout et son contraire. Ainsi parce que le monde change il convient de réformer, de restructurer, de réorganiser, de réajuster, d'optimiser, de dynamiser, de renforcer… bref, de changer. L'invocation du changement permet de concentrer le regard sur ce qui bouge, de troubler la réflexion par le mouvement, de déraciner les fondements, de perdre l'esprit dans l'agitation et le tournis. Le discours du changement est inchangé ; c'est suspect !
Et puis, fondamentalement, le monde change t-il tant que cela ? Ce qu'on appelle changement n'est-il pas une répétition du même sous d'autres formes ?

Charge

Du latin *Carge* : « la chose qui pèse ».

Poids de la taxe actionnariale qui plombe le coût du travail. Le comble : ce sont les actionnaires qui dénoncent cet insupportable du coût. L'hôpital n'a décidément pas fini de se foutre de la charité.

Chiffre d'affaires

« Chiffre », de l'arabe *sifr* : « vide » puis « zéro ». Le chiffre serait-il insignifiant ?

Aujourd'hui, mesure exclusive de l'activité humaine source de la dernière question existentielle : « Combien ? »

Chômeur

« Chômer », du latin *caumare* : « se reposer pendant la forte chaleur ». Il s'agit sûrement de la chaleur consécutive à la friction concurrentielle mondiale.

« Armée industrielle de réserve » disait Karl Marx, le chômage est intentionnellement entretenu pour faire pression sur les salaires.

Classe moyenne

« Classe », du latin *classis* : distinction entre ceux qui étaient appelés (sous les armes) et ceux qui l'étaient pas. Aujourd'hui, désignent ceux qui sont courtisés par les pouvoirs.

Objet de toutes les attentions électorales, objet de toutes les ponctions fiscales, la classe moyenne est la grande muette. Entre le désir de s'élever et la crainte de tomber, la classe moyenne est pétrifiée. Elle consomme alors comme elle peut, elle épargne ce qu'elle peut et elle prie pour que ses enfants aient un meilleur sort. La classe moyenne est constituée d'humains qui ont des sentiments d'humains, elle n'est donc pas moyenne mais humaine.

Co-développement

Vision postcoloniale du rapport nord/sud.

Collatéral

Du latin *collateralis* : « qui se trouve à côté de ». Autrement dit : au mauvais endroit, au mauvais moment.

Effet nuisible consécutif à une action centrale, permet de se dédouaner de sa responsabilité et d'en minimiser les erreurs en les affectant au mauvais sort. La souffrance du peuple grec est un dégât collatéral de la purge imposée par la Troïka et les banques.

Commission européenne

Elle est une grosse commission, véritable lieu du pouvoir, instrument politique de l'empire qui commet des règles qui s'imposent aux lois (en latin chrétien *committere* : « action de commettre une faute »).

Communication

Du latin *communicatio* : « faire part ».

Parler sans se parler. La bonne communication est celle qui déclenche l'adhésion, elle ne poursuit aucune autre finalité ; l'échange, le dialogue, le débat, la controverse lui sont étrangères. On dit maintenant la « com. » preuve du peu de contenu du mot. Quand un pouvoir communique auprès d'un peuple, il s'agit le plus souvent d'un « faire part ».

Complexité

Du latin *complexus* : « fait d'éléments imbriqués ».

Enfumage politico-économique dont le but est d'éviter de consulter le peuple ; par exemple : on ne peut consulter le peuple pour tel ou tel traité européen ; « c'est trop complexe ! »

Confiance

Confier, du latin *confidere* : « se fier à quelqu'un ou à quelque chose »

Les loups se font-ils confiance ? La règle économique est la défiance a priori, la confiance s'obtient par le contrat. En cas de crise, les contrats comme la confiance se délitent et les loups redeviennent des loups. Ils se confient quand la nourriture est abondante et se défient quand elle se raréfie. Peu de choses à attendre des loups sinon la prévisibilité de leur comportement face à la chair fraiche d'où la défiance comme attitude raisonnable.

Conjoncture

Du latin *conjonctus* : « conjoint ».

Invoquée quand la « science économique » atteint ses limites à décrire le fond des choses, elle ne s'intéresse qu'aux agitations de surface et ignorent par aveuglement ou manque de culture ce qui se rejoint ou se disjoint, moins visible et plus déterminant.

Conseil d'administration

Du latin *Consilium* : endroit où l'on délibère.

Refuge de la médiocrité dans des lieux fermés que se partagent un petit nombre de joueurs rémunérés aux jetons : ambiance « casino et tapis vert »→(jeton de présence). On n'y délibère plus, on s'y libère.

Conseil d'Analyse Economique

Cette assemblée déclare sur son site internet que sa mission est « *d'éclairer, par la confrontation des points de vue et des analyses, les choix du gouvernement en matière économique* ». C'est donc une mission d'intérêt général. Pour accomplir cette mission, les membres de ce conseil sont sensés être hors de tout conflit d'intérêts.

Sur ce même site internet, certains membres ont une activité dans le privé : Patrick Artus est Directeur de la Recherche et des Études à Natixis (Banque), Jean-Paul Betbèze est
Chef économiste de Crédit Agricole SA, Daniel Cohen est conseiller auprès de la Banque Lazard, Elie Cohen est conseiller auprès de Pages-Jaunes et EDF, Jacques Delpa est consultant auprès de BNP Paribas, Olivier Garnier est chef Economiste du Groupe Société Générale, Michel Godet est administrateur de la société Bongrain…
On comprend mieux ce qu'est l'éclairage sur les choix économiques du gouvernement du peuple.

Consommateur

Consommer, du latin *consummare* : « faire le total de », faire l'addition en quelque sorte.

Masse informe segmentée en catégories ; observée, scrutée, décortiquée elle fait l'objet d'une propagande intense, d'une outrance « lobotomique » avec l'intention grossière de réduire le citoyen à sa dimension la plus vulgaire. Le citoyen fera un jour le total des insultes qui lui sont faites comme les moutons prendront conscience qu'ils finissent dans les assiettes.

Corporate

Corporal ? Corporatif ? Corporation ? Corporel ?
Rien de tout ça ! Mot anglais signifiant : « machin anonyme ».

Corruption

Du latin *Corrumpere* : « détériorer, gâter ».

Désigne le fonctionnement transparent des organisations économiques administrées par une gouvernance. Pourrissement des pratiques économiques qui confondent échange et spoliation.

Cour des comptes

Magistrature chargée de vérifier l'utilisation de l'argent public.
Bonne conscience du régime.

Cours de bourse

Chiffres hypnotiques qui polarisent tous les regards ; les uns pour savoir si leur patrimoine augmente, les autres pour savoir s'ils vont être licenciés.

Crédit

Permet au créancier de voler le temps du débiteur ; sorte de « cleptochronie ».
Est à l'origine de la crise.

Quelques dates :
. 1979 : les salaires stagnent au nom du risque inflationniste. La pouvoir d'achat augmente grâce au crédit. L'endettement se substitue donc à l'augmentation des salaires.
L'endettement est éparpillé et vendu à de nombreuses banques et organismes financiers.
. 1979 : Le taux d'épargne est de 20% du PIB et la dette des ménages représente 47% du PIB ; en 2009, le taux d'épargne est de 14 % et la dette des ménages représente plus de 100 % du PIB.
. 2004 : hausse des prix de l'énergie, des produits alimentaires qui entraîne une réduction du pouvoir d'achat et une insolvabilité croissante des ménages.
. 2007 : baisse des prix de l'immobilier, les banques sont incapables d'évaluer les produits financiers.
. 2008 : les banques prêtent moins, sauvetage de Bear Stearns, 15 septembre faillite de Lehman Brothers, le 17 septembre plus de prêts : 550 milliards de dollars sont retirés du marché américain.
. Situation à octobre 2009 :
1000 milliards de dollars perdus par les banques américaines. Les *Hedge funds* ont perdu 40% de leurs actifs. Que dire de plus sur le crédit ?

Credit default swap

Il s'agit de fourguer à un tiers, contre rémunération, des déchets financiers hautement toxiques ; sorte de droit à polluer. Il y a un équivalent dans les rites mafieux : payer pour être protégé.
En français : chasse aux pigeons.

Crise économique

Crise, du grec *krisis* : « décision, jugement. » Ici, c'est le jugement qui est en crise.

Pléonasme quand l'économie est aux manettes.

Croissance

Croître, du grec *ekoresa* : « j'ai rassasié », les Grecs savaient que la croissance avait une fin.

Idée fausse de l'infini, condition exclusive de la bonne santé d'un pays. Vision érectile du développement des civilisations preuve que les archaïsmes mâles sont toujours à l'œuvre. Pas de croissance, pas de travail, « pas de bras, pas de chocolat ».

Culture d'entreprise

Du latin, *Cultura* : « action d'éduquer l'esprit », ne désigne définitivement pas les entreprises quand bien même elles se prennent pour des civilisations.
Ce qu'on peut appeler abusivement « culture d'entreprise » est une somme d'habitudes et de routines qui ne font pas une civilisation.

D

Davos

Commune du canton suisse des Grisons où s'assemblent les maîtres du monde qui se penchent sur le résultat de leur forfait. Incapables de comprendre ce qu'ils ont eux-mêmes mis en œuvre, ils se parent de maîtrise à défaut d'intelligence qui leur a tant manqué. Cette aristocratie mondiale n'a plus qu'à se poudrer pour faire bonne figure.

Dépenses

Du latin *Dispensa* : « action d'utiliser de l'argent ».

Conspuées quand elles sont publiques, encouragées quand elles sont privées.

Décideurs

« Décider », du latin *decidere* : « trancher ».

« *Ils osent tout c'est même à ça qu'on les reconnaît* » Michel Audiard.

Déficit

Du latin *deficit* : « il manque ». En général employé avec l'adjectif « abyssal ».

S'il est publique, le déficit est le constat que l'argent alloué au fonctionnement (notamment ses dépenses) d'une institution est insuffisant. Pour plus de commodité, on appelle dépense : soigner un malade, éduquer un enfant, donner un minimum vital aux pauvres… Il suffit donc de ne pas prévoir les sommes nécessaires à couvrir les dépenses pour créer un déficit et ainsi justifier les politiques de réduction des budgets. Dès lors, les malades seront moins soignés, les enfants moins éduqués, les pauvres moins nourris au prétexte que les dépenses sont trop élevées. Curieuse argutie qui ne déplace jamais la question vers les recettes (→bouclier fiscal).

Déflation

Etymologie anglaise : « dégonflement ».

Flatulence du marché.

Délit d'initié

Délit, du latin *delinquere* : délinquant

Pratique courante des initiés.
Qui sont ces initiés ? Ceux qui, par leur position, détiennent des informations sur les événements qui pourraient affecter la valeur d'une action à la hausse ou à la baisse.
Délit d'initié : pléonasme ?

Délocalisation

Nomadisme des entreprises qui recherchent l'esclave à moindre coût : les pauvres d'ailleurs produisent pour les pauvres d'ici.
Il s'agit d'un véritable détournement de fonds publics dans les cas, nombreux, où les entreprises délocalisent après avoir reçu les subsides de l'Etat.

Dépôt de bilan

Que déposent celles et ceux qui n'ont pas de bilan ?
Les armes ? La dignité ? L'humanité ?

Dérégulation

Tactique néolibérale pour anéantir la mission régulatrice des Etats et laisser libre cours à la sauvagerie marchande. Le marché a besoin de s'étendre pour assurer sa croissance. Les secteurs régulés (énergie, eau, santé, éducation, forces armées, transport, infrastructures…) ne peuvent résister longtemps à l'avidité du capital. Les gouvernements sont soumis à de constantes pressions afin de donner en pâtures des pans entiers de la propriété collective (autoroutes, électricité, gaz, eau…). Les citoyens sont dépossédés et ne disposent plus des moyens pour réguler la sauvagerie économique ; ils sont désarmés et offerts en victime expiatoire à la prédation économique.
Il s'agit de priver les nations des moyens de décider de leur destin.

Désindustrialisation

Lamento des campagnes électorales, *ma non troppo* en dehors de celles-ci.

Dette

A payer quand on a commis le péché, « *Nous payons les péchés commis ces dix dernières années* » M.

Klaus Schwab (Président du Forum économique de Davos). Il faudra donc des crucifiés pour racheter les fautes. Les croix sont déjà tracées : sur les retraites, les salaires, les fonctionnaires, les chômeurs, les pauvres, les immigrés, les malades…le Golgotha de l'austérité va être chargé.

« Vous avez vécu au-dessus de vos moyens, il faut donc payer » ou, autrement dit : « Vous avez goûté au fruit défendu, vous êtes condamnés à la sueur, aux larmes et à la cendre. »

Voilà donc des milliers d'années que le ressentiment nous brise, que la faute doit être expiée et il faudrait l'accepter une fois encore. Et si les peuples refusaient de s'acquitter de leur dette pour une fois ?

Développement durable

Oxymore absolu pour incantation chamanique verte.

Devise (du financier)

« *Quand ça baisse, je fais de l'argent ; quand ça monte, j'en fais aussi.* » C'est monnaie courante.

Diversité

Diversion pour uniformisation.

Droit à polluer

Il fallait oser.

E

Ecole de commerce

Lieu de formation des élites qui ont fait la démonstration depuis plus de trente ans de leur incompétence. On dit maintenant « Ecole de management » ce qui promet (→management).

Economie

Du grec *oikonomos* : « organisation d'une œuvre littéraire » en ce sens, l'œuvre est soumise à l'auteur.

Mécanique qui se prend pour une science, elle prétend organiser le monde comme si le chalumeau prenait le pouvoir sur le plombier. Au service de l'Homme, elle a mis l'Homme à son service. Si l'économie n'est pas une science elle n'est pas davantage une pensée. Au mieux, elle est un ensemble de techniques tentant de maîtriser l'aléatoire.

Economie de la culture

Le comble.

Economiste à la télé

Page de publicité.

Efficace

Du latin *Efficacia* : « vertu active de quelque chose ». Ne concerne que les choses ; il serait abusif que des êtres soient qualifiés ainsi.

Prière récitée quand plus rien ne fonctionne.

Efficience

Du latin *Efficiens* : « qui produit un effet ».

Invoquer l'efficience ne produit aucun effet. Autre mot pour impuissance.

Embaucher

Antonyme de « débaucher » : « détourner de son travail ».

Corollaire de « licencier », qui a donné l'expression populaire : « mal embauché ».

Employabilité

« Employer », du latin *implicare* : « plier dans ».

Forme déterminée d'un objet parfaitement adapté à son utilisation : la clé est employable par la serrure.

English

Langue du *business* qui se résume dorénavant à trois mots : « Save Our Soul ».

Enjeu

S'emploie dès que l'objectif est perdu de vue. On utilise le mot avec des adjectifs comme : considérable, essentiel, important, décisif, sérieux, ce qui semble donner une connotation au mot sans pour autant lui donner un contenu explicite.

Entreprise transparente, citoyenne et responsable

Vue de l'esprit.

Etat

Outil d'exécution de la volonté des peuples. Il est attaqué par le marché pour priver les nations des moyens de leur destin. L'Etat, autrement dit, l'outil du peuple, est l'ennemi du capitalisme. Qu'il résiste avant que nous soyons tous devenus des consommateurs et que cela.

Ethique

A été exclu de toutes les activités économiques. La sauvagerie marchande n'a que faire de l'éthique. Il n'y a en effet aucune éthique qui régit les rapports entre la grenouille et le moucheron ; il faudrait pour cela qu'ils en discutent s'ils étaient doués de raison. Autrement dit : pas de raison, pas d'éthique.

Evaluation

L'économie ne s'évalue pas à l'aune de ses résultats mais à celle du dogme. En échec dans le réel, elle est un succès pour les thuriféraires, les apôtres, les disciples, les épigones.

Excellence

Fantasme du droit, du lisse, du dur, du vertical… fantasme donc.

Exclusion

Du latin *exclusio* : « action de repousser quelqu'un ».

Expression de la lutte des classes.

Executive

« Absconnerie » anglo-saxonne qui pose la question : qui est l'exécuté ?

F

Faillite

Etat d'une nation dirigée par l'économie.

Fauteurs de déficit

Le nourrisson, l'élève, l'étudiant, le chômeur, le sans domicile fixe, le malade, le retraité, la personne âgée dépendante… la vie !

Fidéliser

Action prosélyte consistant à répéter plusieurs fois un mensonge pour obtenir l'adhésion des individus : sorte de colle à neurones.

Finalisation

Inachèvement.

Fisc

Idée fixe du rentier.

Flexibilité

Du latin *flexibilis* : « Flexible » désigne ce qui fléchit facilement.

Les échines ne sont pas assez courbes, il convient de les fléchir encore pour satisfaire les exigences du marché, celles des retours sur investissement, des marges nettes et finalement satisfaire la voracité de nos chers *holders*.

Flux financier

Ejaculation incessante d'un système priapique.

Fonction publique

Pâture de la « fonction privée ».

Fonds de pension

Du latin *fundus* : « fond de tout objet » utilisé dans l'expression populaire : « On touche le fond ».

Vieux riches qui licencient leurs enfants pour se payer une chirurgie esthétique, une villa aux caraïbes et garnir un peu plus leurs comptes aux îles Caïmans. Auteurs d'une guerre intergénérationnelle, les fonds de pension hypothèquent l'avenir pour le peu de présent qui reste à leurs pensionnés.

Fonds Monétaire International

Pouvoir illégitime qui dicte la politique aux états en échange d'argent. Administré actuellement par une ancienne ministre des finances qui a laissé son pays sinistré ; le pire est à craindre.

Fonds souverains

Fonds de placement financier détenu par l'Etat.
Loto étatique, maison mère de la Française des Jeux.

Force de travail

Seule richesse de la majorité des citoyens d'une nation. Énergie facilement exploitable et de moins en moins chère ; c'est ce que certains appellent : la valeur travail.

Fraude fiscale

Evasion pour le paradis. Les évadés l'emportent toujours au paradis.

Friedman (Milton) (1912 – 2006)

Idéologue américain mono-argument : tout ce qui vient de l'Etat et de la loi des peuples est haïssable. Maître à penser des néoconservateurs et des néolibéraux, il fit ses premières armes auprès du dictateur chilien Pinochet.

G

G20

Assemblée de vingt dirigeants (chefs d'Etat ou de gouvernement) qui masquent à peine qu'ils n'ont plus d'autre pouvoir que celui de la parole. Sorte de Rotary-Club international pavé de bonnes intentions.

Gestion

Du latin *genere* : « exécuter ».

Mot qui désigne un ensemble de tâches supposées contrôler un système.
 « Je gère ! », expression utilisée quand tout échappe. Se méfier particulièrement de cette expression dès lors qu'elle est employée par les « gestionnaires » des centrales nucléaires.

Globalisation

Du latin *globus* : « sphère ».

Vision sphérique d'un mouvement circulaire qui alimente une pensée courbe. Est à l'origine de l'expression populaire : « ça tourne pas rond ».

Tentative d'universalisation du règne de la marchandise. Suppression de la politique, éviction des peuples, rabotage de la culture, anéantissement de la spécificité, destruction des frontières… que du bonheur !

Golden Parachute

Prime de départ d'un dirigeant d'entreprise (pot de départ).
Récompense en monnaie sonnante et trébuchante des dits « Grands Patrons », elle est particulièrement élevée que ceux-ci aient échoué ou non. Sorte de prime à la casse.

Golden hello

Prime proposé à un dirigeant pour venir rejoindre une entreprise : sorte d'appât.

Trouver de l'or avant d'en avoir cherché ; ce sont les miracles possibles de l'économie bien plus remarquable que la multiplication des petits pains.

Goldman Sachs

Banque très influente à vocation exclusivement spéculative, elle est soit à l'origine soit grandement complice de toutes les crises. Ses disciples dirigent aujourd'hui la Banque Centrale Européenne, l'Italie et la Grèce. Les voyous dirigent la prison.

Gouvernance

Désigne un pouvoir obscur, pléthorique et illégitime. La gouvernance est un moyen habile de soustraire le pouvoir au peuple. Terme très utilisé dans les instances européennes pour dissimuler la réalité des organes de décision aux yeux du peuple.

Grand Patron

Reconnaissable à son Grand bureau en haut d'une Grande tour, légitimé par un Grand diplôme d'une Grande Ecole. Il est Grandement rémunéré, Grandement entendu par la presse, fréquente tous les

Grands de ce monde et possède une Grande vision stratégique... petit homme.

Grèce

Ballon d'essai du marché dans sa stratégie de déconstruction sociale d'un pays ; vision d'avenir de l'Europe.
La Grèce est l'image du futur de l'Europe. Il fut un temps où il fallait un coup d'Etat militaire pour renverser une démocratie. Aujourd'hui, le FMI suffit. L'idéologie néolibérale détermine ce que sera l'Etat moderne : une force de maintien de l'ordre pour prévenir toute insurrection populaire : le modèle Pinochet.

Guerre des classes

Chère à Warren Buffet qui déclarait : « *La guerre des classes existe, c'est un fait, mais c'est la mienne, celle des riches, qui mène cette guerre et nous sommes en train de la remporter.* »
Dans une lutte des classes il y a des perdants, dans une guerre des classes il y a des vaincus. La déclaration de guerre ne fait plus aucun doute quand elle sort de la bouche d'une arrogance qui se croit victorieuse. Warren Buffet donne raison à Karl Marx et le peuple aura raison de mener cette guerre.

Guerre économique

Vocable qui justifie l'organisation de la pénurie pour les soldats et le faste vulgaire pour les quartiers généraux ; masque la réalité de la guerre des classes (→ guerre des classes).

H

Harcèlement

Soin psychothérapeutique des gouvernements sur le dos des peuples. Perversité élective, le harcèlement est consenti par la victime : le citoyen élit son bourreau.

Hayek (Friedrich) (1892 – 1992)

Idéologue qui prônait la non-intervention humaine dans les phénomènes naturels au prétexte que l'Homme n'avait ni n'aurait jamais la connaissance suffisante. Hayek voyait dans les lois naturelles l'ultime organisation du monde. Il croyait en effet qu'il fallait laisser émerger « un ordre spontané » sorte de darwinisme social rejetant toute intervention humaine et dénonçant l'outil de cette intervention : l'Etat. Ce penseur et d'autres (→Milton Friedman) furent très influents au point que les modèles économiques contemporains s'en inspirent largement. L'idéologie est soumise au réel et celle de Friedrich Hayek comme les autres. Plus de trente ans d'expérimentation néo-libérale et le constat est indiscutable : l'échec. Quand le réel dénie l'idéologie, celle-ci réagit en faisant un peu plus de la même chose : la névrose barbare.

Hard-discount

En attendant l'hyper-hard-discount, il faut bien un marché pour les pauvres ; trafic légal de la malbouffe.

Heures supplémentaires

Les alouettes ne sont toujours pas revenues de leur voyage vers les miroirs.

Holding

Désigne un chalet en Suisse, ou une maison au Luxembourg ou encore une villa à Monaco.

Homo oeconomicus

Branche déviante de l'homo-sapiens, l'homo oeconomicus est voué à la disparition. Il n'a en effet rien apporté de différenciant à l'espèce.

I

Immigration

Concentre toutes les peurs des civilisations en voie d'extinction.

Impôt de solidarité sur la fortune

Antinomie : les fortunes se construisent sur l'absence de solidarité. S'accompagne souvent de son corollaire : « Niches fiscales de Solidarité sur la fortune ». Antonyme : « contre mauvaise fortune bon cœur ».

Inégalité

Pré requis à tout fonctionnement optimum du marché. Vue par les idéologues néolibéraux comme parfaitement naturelle, l'inégalité est la dynamique de l'évolution. Toute tentative de redresser l'ordre naturel (égalité de droit) est dénoncée comme étant contre-nature.
Certains voient dans cette inégalité une élection divine, une prédestination qui voue aux gémonies les

damnés et accorde le salut aux élus. Ce serait un péché que de vouloir défaire ce que Dieu a fait.

Innovation

Incantation totémique répétée par ceux qui en sont le plus dépourvus. On dit aussi : « logorrhée néopathique »

Investissement

Mot désignant une dépense dont on espère un retour ; on dit alors : « retour sur investissement ». (→ROI). Exclu l'aller simple.

Investisseur

Du latin *vestire* : « vêtir, habiller ».

Désigne ceux qui ont de l'argent, qui le placent dans les entreprises quand tout va bien qui le retirent quand ça va moins bien. Le jeu consiste à prévoir le début de la mauvaise passe pour toucher des plus-values. Le terme approprié serait « spéculateur ». Ce ne sont pas des entrepreneurs et parfois en deviennent les ennemis. Leur principale action consiste à investir le capital des entreprises, à presser celles-ci par des mesures drastiques visant à baisser les coûts (dont la masse salariale) afin d'obtenir le maximum de marge en très peu de temps (presser le citron et jeter la peau). C'est un comportement typiquement viral et prédateur sans intelligence, à sang glacial, réincarnation « dinosaurienne ». Jurassik Park (→Bourse) n'est pas une fantaisie, les reptiles sont toujours parmi nous, déchiquetant leur proie (on dit maintenant vente par appartement).

Ces prédateurs misent sur tous les marchés, énergie, alimentaires… Ils sont capables d'affamer des populations entières pour tirer profit de la hausse ou de la baisse de telle ou telle denrée alimentaire ou de telle ou telle énergie ou matière première. C'est une attitude proprement psychopathique d'ignorer avec un tel cynisme tout aspect humain.

Bien plus, certains investisseurs, consciemment ou non, en exigeant de telles rentabilités pour leur précieux capital, provoquent des licenciements dans les entreprises qu'ils possèdent hypothéquant ainsi les générations suivantes.

Vestire disaient les latins : Nos investisseurs sont maintenant étymologiquement habillés pour l'hiver.

J

Jeton de présence

Rémunération des joueurs du Casino 40 qu'ils soient présents ou non. Souvent filles ou fils de… on les appelle des rejetons.

Jeunes diplômés

Chair fraîche pour l'entreprise.

Journal interne

Organe du comité central à destination des adhérents.

Justice sociale

Pourquoi sociale ? Il s'agit de justice là aussi. Concept honni par Hayek qui y voit une privation de la liberté des possédants dès lors qu'ils seraient obligés de redistribuer leur richesse.
La justice sociale est une condition de la cohésion d'un groupe, d'une communauté, d'une société ou d'une nation. Elle postule que la solidarité est plus

civilisatrice que la disparité. La justice sociale est un rempart contre toutes les formes de barbaries à preuve, celles-ci voudraient l'anéantir.

K

Kick-off

Coup de pied au cul ritualisé des salariés d'une entreprise.

Krach

Bruit anxiogène d'une fine couche de glace qui s'apprête à céder.

Kermesse

Spectacle caritatif où se recyclent quelques personnalités en manque de notoriété.
Moyen pour une société qui se féodalise de confier la solidarité à la charité.

Keynésiens

Brûlent lentement sur les bûchers de la pensée unique. Ils osent encore dire que le marché ne s'équilibre pas naturellement et qu'il convient d'intervenir.

Lutter contre la déraison d'une croyance vaut traditionnellement d'être condamné aux flammes.

Kifer

Plaisir pris à une spéculation réussie : « je kife grave ! »

Kleenex

Marché en expansion en temps de crise ; phénomène appelé M.G.A : Marché en état de grippe A.

L

Laisser faire

Selon Adam Smith (1723 – 1790), chaque individu, en recherchant son propre intérêt contribue à l'intérêt de tous.
Selon la réalité, chaque individu, en recherchent son propre intérêt contribue exclusivement à celui-ci au détriment de celui des autres.

Leader

Un style sans contenu.

Leadership

« J'en ai une plus grosse ». Et dire qu'il y des centaines livres qui sont consacrés à ces quelques centimètres.

Libéralisme

Croyance qui stipule que la divine harmonie des échanges commerciaux est supérieure au droit dans la construction d'une société.
Sont libéraux ceux qui profitent des échanges commerciaux, ne sont pas libéraux ceux qui en souffrent.
La démocratie représentative devait réguler les rapports de force entre le marché et le peuple ; elle a échoué. La lutte contre les croyances est toujours longue et la victoire n'est jamais acquise.
Il faudra donc appliquer la loi de 1905 à la croyance néolibérale

Libéraux

Croient au libéralisme. Les fidèles se réunissent autour des corbeilles pour célébrer le marché par des vociférations qui effraieraient le Hun moyen.

Libre concurrence

Règle qui laisse la nature opérée entre le lion et la gazelle.

Libre-échange

Partouze géante réservée exclusivement aux membres.

Licenciement

Erreur stratégique commise par l'Etat-major qu'il fait peser sur les employés à l'instar des fusillés de 1916.

Liquidité

Fonte des neiges monétaire due au réchauffement du climat social.

Lobby

Conseillers obscurs qui parlent à l'oreille des représentants du peuple. (→ Conseil d'Analyse Economique)
Ils servent des intérêts contraires à ceux du plus grand nombre ce qui n'aurait rien de choquant si les élus y résistaient ; pourtant les lobbies sont à l'origine des lois sociales et économiques votées par les représentants du peuple ; ils détiennent le pouvoir illégitime de légiférer. A vous dégouter de voter !

Low cost

Nivellement par le bas, origine des délocalisations, des licenciements, de la diminution des salaires, de l'exploitation des enfants.
Illustre parfaitement l'expression : « tirer par le bas ».

Lordon (Frédéric)
Directeur de Recherche CNRS

« *Avec le concours des décideurs publics, incapables de penser autrement, la finance se trouve alors plongée dans une situation de parfait chaos cognitif en exigeant des politiques d'ajustement draconiennes, dont elle observe rapidement les effets désastreux (il n'aura pas fallu un an pour que le contresens soit avéré à propos du cas grec), à quoi elle réagit en exigeant d'approfondir cela-même qu'elle voit échouer !* » Bien dit.

M

Macro-économie

(→micro-économie)

Main invisible

Nouvelle transcendance inventée par Adam Smith, fondateur du libéralisme économique. Dieu n'est finalement pas mort.

Maîtrise des coûts

Vision guillotine de la gestion, elle décapite ce qui participe à la richesse et accroît ce qui participe à la fortune. Les exécuteurs des basses œuvres sont appelés les *cost killers* ; John Wayne sévit encore.

Management

Mot anglais emprunté à l'italien *maneggiare* « dresser un cheval ».

Instrument de soumission qui organise la subordination dans les organisations. Il s'agit en réalité du même schéma que celui de la chaîne alimentaire, les prédations y sont du même ordre entre le haut et le bas de la chaîne, l'aliment étant le temps (le haut mange le temps du bas). Une description aussi abrupte serait irrecevable dans des pays dits modernes c'est pourquoi fut inventé le concept de management. La notion de « dressage » attachée au mot « management » s'est transformée en « servitude volontaire » dans les organisations au service d'une finalité financière. La soumission s'obtient par le discours, la menace, la manipulation, la formation, les tests psy de toute nature, l'entretien individuel, l'évaluation… l'arsenal managérial est varié.

Marchés

Nouvelle divinité informelle qui prévoit la météo et qui désignent les futures proies aux spéculateurs. Les marchées parlent, ils disent, donnent un avis, réagissent (sont baissiers ou haussiers, somme toute très sommaire). Les marchés sont-ils faits de gens et si oui ont-ils un nom, une adresse ? Qui sont ces divinités invisibles (propre de la divinité) qui feraient ou déferaient le monde dès l'ouverture des temples (ouverture des marchés) ?

Les marchés seraient régulés par « une main invisible » (→Adam Smith), l'action de celle-ci conduirait nécessairement à l'harmonie sociale. Après les dieux de l'antiquité, le Dieu des monothéistes, l'Être suprême de la révolution, voici la Main Invisible à qui, comme aux divinités précédentes, les peuples ont abandonné leur pouvoir et les Hommes, leur responsabilité.
Si les marchés sont tout puissants c'est que les nations leur permettent d'exercer le pouvoir au nom de théories économiques fumeuses qui sont plus proches de la superstition que de la raison.

Marge

Du latin *margo* : « bord ».

Quand La côte se prend pour la mer.
Obsession actionnariale désignant le gâteau et la cerise.

Marge de manœuvre

Espace laissé par le marché et ses affidés aux dirigeants des Républiques pour entretenir l'illusion démocratique.

Marx (Karl) (1818 – 1883)

« *Ce qui distingue principalement l'ère nouvelle de l'ère ancienne, c'est que le fouet commence à se croire génial.*» Qui tient le manche ?

Masse salariale

Désigne un amas anonyme coûteux ; ligne d'un bilan qui « plombe » la rentabilité et la perception actionnariale.
Réification des femmes et des hommes vus comme un agrégat comptable, une quantité, une variable, un indice…une chose.

M.E.S. (Mécanisme Européen de Stabilité)

C'est un fond de soutien constitué par les pays de la zone euro pour soutenir les pays de cette même zone qui seraient en crise. La finalité affichée est de maintenir une stabilité durable.
La France y a souscrit pour la somme de 142,7 milliards d'euros.

Cette organisation est hors les lois et commandent aux démocraties.

. Article 9-3 :
Les membres du MES (c'est-à-dire les Etats) *promettent d'honorer toute demande de capital irrévocablement et sans conditions en moins de sept jours.*
Le MES peut réclamer des fonds aux Etats sans que ceux-ci ne puissent s'y opposer quand bien même les gouvernements changeraient. Autrement dit, quelle que soit la volonté populaire, le MES impose sa volonté.

. Article 27 – 2, 3, 4 :
Le MES est compétent pour entamer des procédures judiciaires.
Le MES, ses propriétés, ses moyens financiers et ses activités jouissent d'immunité juridique.
Les propriétés, les moyens financiers et les actifs du MES sont préservés contre des investigations, des réquisitions ou toute autre forme d'expropriation par des gouvernements, administrations ou tribunaux.
Le MES peut intenter des actions judiciaires contre les Etats mais aucun Etat ou instance ne peut intenter aucune action d'aucune sorte contre le MES. Le MES est hors la loi.

. Article 30-1
Les membres du conseil, directeurs et membres du personnel sont préservés contre des procédures judiciaires quant à leurs actions et jouissent

d'immunité quant à leurs papiers et documents officiels.
Si le MES est hors la loi, le personnel l'est également. Plus puissant qu'un Etat, plus puissant que l'Europe, le MES est un pouvoir dictatorial ; le rêve démocratique européen est mort et enterré par les députés qui adoptèrent le texte en février 2012.

Medef

Dirigé par une riche héritière, le Medef est la corporation des détenteurs de jetons de présence. Vieille aristocratie nostalgique des riches heures de l'absolutisme, elle semble avoir gagné son combat contre la République qu'elle mène depuis 1789. Si elle est défaite, elle rejoindra les chemins d'errance qui les mèneront de nouveau à Coblence.

Message

Employé surtout dans « il faut faire passer le message » ; façon de rendre incompréhensible son discours.

Microéconomie

Taille de la « pensée » économique.

Minc (Alain)

« Je pense qu'il va bien falloir s'interroger sur le fait de savoir comment on va récupérer les dépenses médicales des très vieux, en ne mettant pas à contribution ou leur patrimoine, quand ils en ont un, ou le patrimoine de leurs ayants droit ». Au nom du cœur !

Mobilité

Mouvement exigé au nom de l'adaptabilité par ceux qui en sont incapables ; il suffit, pour s'en convaincre, d'observer la mobilité des grands patrons qui siègent dans les conseils d'administration des entreprises du CAC 40. Seules mobilités, les déplacements qu'ils effectuent d'une tour de la Défense à une autre. On cherche encore la mobilité de leur esprit.

Modèle

Forcément allemand.

Mondialisation

Annoncée heureuse, concept creux qui désigne la férocité du monde marchand et son intention universelle.

Monnaie

Pouvoir d'achat en pièce.
Le premier du mois est la fin de mois.

Monnaie unique

Incarnation de la pensée unique.

Mouvement social

Immobile depuis trop longtemps à l'image du monde syndical.

Moral des ménages

Seul ce qui reste quand la morale s'est enfuit.

Mutualisation

Autre nom pour prédation.

N

Nationalisation

Contrôle du peuple sur les activités qui lui sont essentielles.
Mot grossier depuis des années, on lui préfère le mot « privatisation » destiné exclusivement aux bénéfices, le terme nationalisation restant admis pour les pertes.

Négociation

Du latin *neg otium* : « ne pas être oisif ».

Processus de discussion pour obtenir de l'autre quelque chose pour soi : version théorisée de l'échange ou du troc.
Remarque : le mot « succès » est souvent associé aux négociations européennes.

Niches fiscales

Il existe près de cinq cent niches fiscales en France qui représentent un manque à gagner de plus de cinquante milliards d'euros.
Refuge canin pour y rogner son os.

Niveau de vie

La vie est évaluée selon son niveau. La mort serait un dénivelé fatal.

Nomenklatura

Habitude soviétique importée par la démocratie marchande.

Nouvelle économie

C'est encore de l'économie.

Nouvelles technologies

Nouvelles depuis trop longtemps pour qu'elles le soient encore, elles désignent un ensemble d'outils de communication qui permettent de ne plus se parler que par écrit avec une grammaire réduite. Ne rien se dire mais se l'écrire.

Nucléaire

Du latin *nucleus* : « noyau ».

La France dispose de cinquante huit réacteurs nucléaires et plus de mille cent sites de stockage de déchets.
Energie dévastatrice qu'elle soit utilisée pour les armes ou pour produire de l'énergie. Alternative aux énergies fossiles en prenant le risque d'être fossilisés ; le noyau peut se transformer en pépin.

Numéraire

Permet d'apprendre à compter.

O

Obligation

Crée le statut d'obligé.

OFCE (Observatoire Français des Conjonctures Economiques)

Témoin bavard du bazar.
Un des membres éminent du conseil scientifique est Monsieur Guillaume Sarkozy confirmant ainsi la totale indépendance de cet organisme.

Offre d'emploi

La démonstration est faite : la rareté fait bien la cherté.

Offshore

Loin des yeux, loin du fisc.

Oligarchie

Système où tous les pouvoirs détenus par un petit nombre de personnes, désigne la « démocratie moderne libérale mondialisée ».
L'oligarchie se réfugie derrières des assemblées opaques désignées par des acronymes ésotériques : IASB, IFRS, OCDE, OMC, BRI, AIE... longues recherches sur l'internet en perspective (→acronyme).
Toutes ces organisations dictent les lois aux parlements. « Et nos parlementaires » dites-vous ? Ils votent sans savoir, sans comprendre ; ils votent pour obéir aux consignes du parti et conserver ainsi la chance d'obtenir un prochain mandat électif.
L'oligarchie n'est possible que par la démission des représentants du peuple.

O.M.C. (Organisation Mondiale du Commerce)

Assemblée illégitime où le marché détermine ce qui est marchandise et ce qui ne l'est pas. Elle influe ainsi sur les gouvernements pour que les produits de première nécessité (dont l'eau), les services publics, les services sociaux, la santé, l'éducation... lui soient confiés. Elle est un organisme qui dispose du droit de sanctionner les Etats qui ne respecteraient pas les accords aussi léonins fussent-ils. C'est donc une organisation qui impose sa règle illégitime au droit légitime des nations (→ Oligarchie).

Optimisation

Source de pessimisme.

Ordinateur portable

Appareil multi-usage, un mur entre soi et l'autre, permet d'éviter de mettre les doigts dans son nez quand on s'ennuie. Très utilisé dans les lieux publics pour montrer qu'on est affairé. Cerveau de rechange.

Organisation syndicale

Groupement d'individus qui bénéficient de la cotisation des adhérents dans l'objectif de maintenir leur existence le plus longtemps possible.

Organisme paritaire

Autre mot pour organisme fossile.

O.S. (ouvrier spécialisé)

Remplacé par « travailleur pauvre », substitution d'un statut par un état.

Ouvrier

Créateur d'une œuvre qui ne supporte pas le désœuvrement. Réputé avoir disparu, l'ouvrier reste la cheville anonyme de toute production de richesse. Détesté par les rentiers, oublié des syndicats, silencieux devant le destin qui lui est fait.
Tristesse d'un monde en errance, l'ouvrier est toujours debout dans l'attente d'une grande œuvre.

P

Panier

Exclusivement propriété de la ménagère, ne dépasse pas cinquante ans.

Paradis fiscal

« Paradis », du grec *paradeisos* : « parc clos où se trouvent les bêtes sauvages ».

Lieu apatride d'où personne n'est chassé pour cause de plaie d'argent.

Part de marché

Recherche obsessionnelle de la fève.

Partage du travail

Désigne le partage du chômage.
Indivision du travail en parts sociales.

Passif

Posture rentière (on dit aussi : « passive).
Désigne également le bilan du néo-libéralisme.

Partenaire

Relation circonstancielle, sorte de *business friendship*, désigne souvent le fournisseur qui va être essoré par l'acheteur d'une centrale d'achat de la grande distribution. Un bon partenaire est un partenaire à genoux.

Paupérisation

Rançon du capital.

Pauvreté

Inhérente à la guerre économique, désigne le sacrifice demandé aux populations au nom de celle-ci ; menace permanente qui muselle toute indignation ou insurrection. A la pauvreté des idées s'ajoute la pauvreté des Hommes.

Performance

D'origine hippique, considération bourrine du travail

Petit Patron

Entrepreneur qui contribue à la richesse nationale, ennemi juré du banquier.

Pétrole

Du latin *petroleum* : « huile de pierre ».

Pages visqueuses de l'histoire des hommes, il est devenu une ressource rare et motive toutes les opérations guerrières contemporaines. Dans quelques milliers d'années, les paléoanthropologues parleront d'un âge fossile ou d'un âge noir.
Administrée par des « pétroleurs », l'exploitation pétrolière alimente les pétrolettes, nourrit les pétromonarchies, recherche sans cesse de nouveaux gisements pétrolifères… nous finirons *tanker*.

Peuple

N'a rien à faire dans ce dictionnaire.

Philosophie de l'économie

Oxymore

Plafonnement

Concerne exclusivement les petits salaires.

Plaisir

Erreur qui s'est glissée dans ce dictionnaire.

Plan social

Synonyme de bonne santé financière, on dit aussi : « plan de sauvegarde de l'emploi » ; autrement dit, remise à l'eau des poissons après qu'ils soient morts asphyxiés.

Plein emploi

Comment gouverner un peuple sans la menace du chômage ? Remplace avec malheur la menace de l'enfer.

Plus Value

Névrose obsessionnelle mortifère.

Pôle-Emploi

Pôle chômage.

Politique économique

Mot qui désigne l'intérêt particulier tout en invoquant l'intérêt général. Duperie où les outils se substituent à l'objectif. Nouvelle tyrannie émergeante qui évacue les peuples des décisions qui les concernent.

Politique salariale

« *Nous avons créé l'un des meilleurs secteurs à bas salaire en Europe* » M. Gerhard Schroeder.
« *L'Allemagne a accompli un excellent travail au cours des dix dernières années en améliorant la compétitivité, en exerçant une forte pression sur ses coûts de main-d'œuvre* » Mme Christine Lagarde.
Tout ce qui ne va pas au travail va au capital.

Population active

Désigne la population qui a un travail, l'activité est ici réduite à la notion de production. L'autre partie de la population est inactive, sans doute ne fait-elle rien. En France, vingt deux millions de personnes sont réputées actives et quarante quatre millions de personnes seraient inactives.
L'inactivité pour une société « suractive » est insupportable. Il est probable que l'âge de départ en retraite soit repoussé aux calendes grecques (le nouveau modèle) et que les années d'études fassent l'objet de mesures de plafonnement : l'insupportable inactivité de l'être ! (→ travail productif)

Pouvoir d'achat

Chose promise.
Quand le citoyen n'a plus d'autre pouvoir que celui d'acheter, il devient tributaire des prix pratiqués par d'autres et se soumet ainsi à l'autorité du marché. Fragilisé, précarisé, son destin n'est plus qu'un prix.

Pragmatisme

Posture qui consiste à ne pas vouloir changer le réel.
Version moderne de la collaboration.

Précarité

Etat incertain d'un humain qui ne sait rien de ce que demain sera fait. Etat dans lequel le marché maintient une partie des salariés pour entretenir un rapport de force qui leur sont défavorables. Anxiogène, la précarité fait le lit du désespoir ou de l'insurrection. « Précaire », étymologiquement : « obtenu par la prière », le destin de la personne précaire est entre les mains de la transcendance contemporaine : « la Main Invisible ».

Prestation sociale

Manifestation de la solidarité d'une société, redistribution de la richesse produite. Elle dit que les humains les plus faibles sont toujours des humains.

Privatisation

Privation, pour une nation, des ses outils politiques. Récompense des donateurs des partis.

Productivisme

Cynisme économique.

Productivité

Notion floue, répétée à l'envi par le discours dominant qui semble vouloir dire : moins cher. On dit indifféremment « compétitivité ». Les deux mots sont invoqués pour justifier des recherches de gains supplémentaires répondant ainsi à une croyance : l'accroissement infini des richesses.

Produit Dérivé

Dérive financière.

Produit Intérieur Brut

Brut est le mot ! Le P.I.B est la seule mesure disponible pour évaluer la bonne santé d'un pays. Malheur à ceux qui ne contribuent pas au produit. Prononcer : « pib », ça peut impressionner l'auditoire.

Profit

Mot réservé pour ceux qui profitent ; s'emploie le plus souvent avec le verbe « tirer » (c'est dire !)

Projet

Existe par milliers dans les ministères ou les entreprises ; se reproduit par mitose.
Toujours stratégique, le projet est reconnaissable à son dépassement (budget et temps) et à une multitude de plans d'actions. Aussitôt annoncé, aussitôt oublié, reste à jamais au débit des comptes.

Prolétariat

Etymologiquement : « celui qui n'est considéré utile que par les enfants qu'il engendre. » Reproducteur de force de travail.
Le prolétaire est une personne qui loue sa force de travail pour vivre. Mot disparu du vocabulaire usuel ce qui n'a pas effacé pour autant la condition prolétarienne.

Protectionnisme

Régulation de la concurrence sauvage entre les travailleurs du monde. Inaudible pour la *doxa* qui voudrait que les salaires occidentaux soient ajustés à ceux pratiqués par les pays à bas coût. L'absolutisme libéral voit d'un mauvais œil l'idée même de se protéger d'une agression ; vielle antienne chrétienne qui consiste à tendre la joue.

Q

Quadrupède

Courtisan européen, on devrait dire, par respect pour les quadrupèdes : quadrumane.

Qualité

Normes à satisfaire qui ne garantissent pas la qualité mais la normalité.

Qualification

Permet de donner une existence à quelqu'un ; tend à se substituer à l'acte de naissance.

Quarteron

Participants au forum de Davos.

Quart-monde

Nouvelle cour des miracles, infirmerie de la guerre économique. Cache-misère de l'échec patent de l'économie.

Quasi-monnaie

Salaire espéré.

Quincaillerie

Ensemble des produits financiers.

Quitus

Jamais donné par un usurier. Ne pas confondre avec *cudepus* (prononcer « coup de pouce »).

Quotient familial

Rémunération de la capacité productive d'un couple hétérosexuel.

R

Rabais

Désigne la fixation du prix de vente d'un bien public au secteur privé.

Rationalité économique

Oxymore.

Reagan (Ronald) (1911 – 2004)

Ancien président des Etats-Unis d'Amérique de 1981 à 1989, doté d'une pensée à six coups.

Récession

Hausse des profits des spéculateurs, baisse des revenus pour les autres, ceux-là entrent alors en dépression.

Recette

Programme politique.
Recette d'un plat pour soixante millions de convives ; temps de préparation : cinq ans.
Prendre une TVA et ajouter lui quelques pourcentages.
Puis, barder de CSG. Mélanger avec les taxes (CRDS, CSG, CSSS, TS, AGS...
Arroser régulièrement de « il n'y a pas de choix ».
A la fin de la cuisson, ajouter un gros coût de « com » pour faire passer l'amertume.
Server avec un discours éventé.

Redevance

Prix à payer pour boire une boisson gazeuse vautré sur un canapé.

Réforme

Injonction faite par le pouvoir à ceux qui ne l'ont pas, obligation culpabilisante pour ceux qui pensaient avoir des avantages acquis faite par ceux qui voudraient en acquérir plus. (Notion de privilèges).
On dit souvent : « *Réforme nécessaire* ».
Le verbe « réformer » signifie étymologiquement : « rendre à sa première forme » autrement dit, quand

une situation dérive et se délite, il convient d'en retrouver la forme initiale, celle de l'équilibre.

Le mot « réforme » est utilisé aujourd'hui pour désigner l'action de corriger les archaïsmes inadaptés au monde dit moderne. L'objectif général poursuivi par la réforme est de satisfaire les marchés autrement dit « faire une offrande » aux pouvoirs féodaux nouvellement promus par la démission démocrate. La réforme est univoque, elle ne concerne que les peuples. A contrario, il n'est pas permis de penser que les pouvoirs se réforment. On ne réforme pas le féodalisme.

Règle

D'origine extranationale, elle s'impose aux lois des peuples (→MES). Elle marque la prise du pouvoir par les empires transnationaux sur le destin des nations. La règle remplace donc le droit et annonce une tyrannie à venir.

Réinsertion

Dispositifs à apparence compassionnelle pour maintenir la paix sociale. Qui a exclu ?

Résultat

Mot ignoré par le néo-libéralisme.

Relance

Fait l'objet d'un rituel immuable : réunion, plan, annonce puis, réunion, plan, annonce et encore, réunion, plan, annonce… Sorte de transe vaudou qui sacrifie la volaille.

Relocalisation

Sinophobie.

Rendement

Vomissure financière.

Réunion

Passe-temps favori des dirigeants, la réunion permet de donner de l'importance à ceux qui y participent. Les réunions les plus prisées aujourd'hui sont celles dites de crise qui se succèdent avec les succès que l'on sait. La participation à une réunion internationale

permet d'accéder à un statut et confère une réputation offerte à l'admiration du bon peuple.
Une réunion internationale dont le contenu est diffusé est assimilable à une aimable sauterie ; une réunion qui n'est pas connue ou dont le contenu n'est pas diffusé est probablement celle où sont prises les décisions qui s'imposeront aux Nations et à leur peuple. On invoque dans ce cas la transparence.

Régulation

Mots en l'air qui ne désignent rien de concret. Dans la savane, la régulation consisterait à enfermer les lions pour préserver les gazelles ; en économie les cages n'existent pas et quand elles existent, les portes sont ouvertes.

Rémunération

Désigne exclusivement les salaires des dirigeants. Réputée honteuse, déraisonnable quand il s'agit des « grands patrons » du C.A.C., elle est la mesure de leur avidité. La rémunération n'est pas un problème de charges ni de coûts contrairement aux salaires. La rémunération augmente naturellement quand les salaires naturellement diminuent ; un ordre naturelle des choses.

Rentabilité

Suppression du coût du travail pour gaver le capital ; règle d'or pour les uns, règle d'horreur pour les autres.
La rentabilité (même origine étymologique que le mot « rente »), est l'exigence du rentier de voir son capital rémunéré. Elle est une fin en soi et impose cette finalité à l'ensemble des organisations humaines. Quand les marchés sont saturés, la rente, dans sa recherche effrénée de nouvelles rentabilités, s'attaque au travail pour en réduire la part. La rentabilité est l'ultime outil de pensée, elle règle les systèmes jusqu'aux gestes. Elle a pénétré toutes les réflexions au point que l'existence lui est soumise : éducation, santé, vieillesse, faisant fi des solidarités chèrement acquises.

Reprise

Mot très utilisé par les pythies économiques. Frémissement pour les uns, tendances pour les autres… en réalité : oracle sacralisé destiné au bon peuple. On comptera sur son absence de mémoire pour lui resserver le plat.

Ressources humaines

Au même titre que les ressources naturelles, les ressources humaines sont exploitables et exploitées : extraites, raffinées, utilisées et…jeter. Elles sont consommées comme une énergie qui semble inépuisable puisqu'elle se reproduit. De nouveaux gisements ont été découverts en Chine et ailleurs, la matière y est plus docile, plus exploitable elle a donc la préférence des « orpailleurs ».

Restructuration

Changement d'organigramme : façon pour les mâles dominants d'agrandir leur territoire et pour les mâles vaincus d'être mis à l'écart de la meute.

Retraite

Retraite sociale : annonce d'une guerre perdue.

Revenu de Solidarité Active

Impuissant à réduire la pauvreté, on réduit les pauvres à un acronyme.

Rigueur

« Raideur, dureté, rigidité », mot employé par les uns pour les autres ; incapacité à formuler des alternatives.
C'est une névrose que de revenir à l'orthodoxie quand l'intelligence manque pour affronter des situations nouvelles ; dans ce cas la rigueur est le discours de l'érection du sot pensant qu'une impasse est une issue.

ROI (*Return on investment*)

En français : « Retour sur investissement ».
Nouveau souverain de l'économie.
Lourde taxation du travail.

S

Sacrifice

Demander aux uns par les autres. Vision christique de la vie sans résurrection contractuelle.
En général, rançon pour une hypothétique vie meilleure.

Salaire

Générateur de charges, herpès garanti dès qu'évoqué auprès d'un actionnaire. Pour éviter ces irruptions cutanées, on parle – pour les hauts revenus – de rémunération.

Salaire minimum interprofessionnel de croissance

Tout ça pour désigner un maigre salaire dont la croissance est plus qu'incertaine. On désigne toutes les personnes qui perçoivent ce salaire par le mot « smicards » ; pour les poètes, il a l'avantage de rimer avec banlieusard, bagnard, blafard mais aussi : communard, débrouillard, égard…
L'évolution du S.M.I.C. est inversement proportionnelle à l'augmentation de la rente ; si le

mot « rentard » existait, il pourrait faire l'objet de rimes riches (évidemment) comme charognard, combinard, couard, bobard... bref, tout un poème.

Salariés

Variables d'ajustement.

Santé

Grande malade de notre société, considérée comme un coût, fauteuse de déficit elle est en passe de devenir une activité marchande comme une autre ; à ce titre, elle sera financée par les malades et non plus par la solidarité nationale ; que les malades meurent deux fois plutôt qu'une.

Service de la dette

Montant du remboursement d'un prêt. Pourquoi « service » ? « Servitude » paraît plus juste.

Services publics

Futur terrain de jeu du marché.

La stratégie est simple, sous-budgéter les services publics, les désorganiser par des réformes et les mettre en concurrence avec les services privés. Mauvais sort aujourd'hui réservé à la santé et l'éducation.

Solutionner

Mot absent du dictionnaire « officiel », doit signifier : trouver une solution ; mot favori de ceux qui posent des problèmes, en général très diplômés.

Sous-traitance

Maltraitance des grands envers les petits.

Surréaction

Comportement irrationnel des *traders* (pléonasme) appelé aussi : « rationalité économique ».

Staffing

Mot employé par les directions des ressources humaines, toujours du meilleur effet dans les dîners en ville entre cadres bien mis. Il s'agit en fait de *staffer* le *staff* pour produire du « taff » en faisant gaffe à ne pas *surstaffer*.

Stock-options

Virus porté par les actionnaires qui se transmet aux cadres des entreprises. Très contaminant, il préserve cependant le bas peuple en raison d'une incompatibilité de classe.

Stratégie

Développement conceptuel et raisonnable d'une décision en réalité intuitive et irraisonnée. Verbiage managérial qui désigne le plus souvent l'action tactique.

Subprimes

Coucher dehors avec billet de logement.
Arnaque gigantesque à l'origine de la crise éponyme dont les conséquences furent que certains ont été expulsés de leur domicile alors que d'autres ont entrepris des travaux d'agrandissement. Les uns ont hérité du *sub*, les autres des *primes*.

Sylvestre (Jean-Marc)

« La querelle du déficit est sans doute importante, mais elle est dérisoire par rapport à l'enjeu. Quand on sait la valeur détruite chez Vivendi sous le règne de Jean-Marie Messier, ou celle qui s'est évaporée à France Telecom. Quand on sait les salaires que demandent les stars du football, on se dit que les hôpitaux pourraient dépenser un peu plus d'argent sans qu'on les traite d'inciviques...
Le système de santé français est formidable : il faudrait être sûr que tout le monde puisse en bénéficier... » Quand l'amende est honorable et peu durable !

Syndicats

Citadelles idéologiques en ruine qui ne défendent plus qu'elles-mêmes.

Synergie

Solubilité de l'individu dans le groupe.

T

Tapie (Bernard)

Egérie de la vulgarité marchande financée par le contribuable comme un élément du patrimoine.

Taxe Tobin

Terme injurieux, blasphème, affront, apostrophe, calomnie, infamie, insulte, invective à l'égard des marchés. Taxe régulièrement annoncée, régulièrement oubliée : on ne taxe pas les seigneurs mais les serfs.

Team-Building

Part importante du chiffre d'affaires d'un consultant ; confusion entre équipe et camp de travail.

T.I.N.A.

There is no alternative, phrase attribuée à Margaret Thatcher de qui on ne pouvait attendre autre chose qu'un simplisme. Expression qui fait florès aujourd'hui chez les dirigeants, significative du peu d'intelligence dont ils sont capables. Heureusement que Galilée ne s'est pas dit, face à la description aristotélicienne de l'univers, qu'il n'y avait pas d'autre alternative ; le soleil tournerait encore autour de la terre. Il n'est pas dit que pour Margaret Thatcher ce ne soit pas une vérité.

Titrisation

On dit aussi « remballe » dans les supermarchés quand, à l'aide de quelques coûts de couteau, on rend une viande à sa première jeunesse.
La « remballe » en finance est une transformation des crédits bancaires en titres cessibles ; une sorte de recyclage à odeur suspecte.

Tontine

Mise en commun de l'épargne dans certains pays africains ; chacun des membres de la communauté met une somme « au pot » puis un de ceux-ci est tiré au sort et empoche le magot. La tontine dure tant qu'il reste un membre qui n'en a pas bénéficié. Toutes ces transactions sont exonérées de frais bancaires. A garder en mémoire quand le système financier aura rendu l'âme.

Total

Compagnie transnationale à moustache, obsédée par le fossile, dont le projet est de sédimenter toute tentative de s'extraire du « visque ».

Trader

Prolétaire de la haute finance, serf des féodalités monétaires, confond souvent sa « sa voiture allemande de couleur noire » avec son bonheur.

Traité de Lisbonne

Après que le projet de Constitution européenne fut rejeté par le peuple français le 29 mai 2005, le Parlement français a approuvé massivement en février 2008 la ratification du traité de Lisbonne.

L'article 123 du Traité de Lisbonne stipule que : « *1. Il est interdit à la Banque centrale européenne et aux banques centrales des États membres, ci-après dénommées « banques centrales nationales », d'accorder des découverts ou tout autre type de crédit aux institutions, organes ou organismes de l'Union, aux administrations centrales, aux autorités régionales ou locales, aux autres autorités publiques, aux autres organismes ou entreprises publics des*

États membres ; l'acquisition directe, auprès d'eux, par la Banque centrale européenne ou les banques centrales nationales des instruments de leur dette est également interdite »

Les états signataires s'interdisent donc de se financer directement à taux zéro auprès de leur banque centrale ou de la Banque Centrale Européenne (BCE). Obligation leur est faite de s'adresser aux banques privées qui imposent des taux usuraires alors qu'elles se financent à un taux quasi nul auprès de la BCE. Preuve est faite de la grande influence des banques auprès des gouvernements.

Transparence

Nouvelle injonction universelle qui prétend lutter contre l'opacité. L'opacité est ce qui n'est pas éclairé, la transparence est ce qui est donné à voir.

Travail

Punition divine, torture romaine, aujourd'hui valeur suprême du discours, précède de peu la famille et la patrie.

Travail productif

Preuve de l'existence du travail improductif : celui de l'artiste inconnu, celui de la soignante anonyme, celui du bénévole d'une association d'entraide…
Le monde se divise en deux catégories : ceux qui sont productifs et ceux qui ne le sont pas.
On doute toujours de la réelle productivité des discours et théories sur le travail productif.
Il se pourrait qu'une nouvelle règle s'impose et que les pièces d'identité fassent obligatoirement mention du statut économique : productif/improductif.

Travailleur

On le préfère immigré et sans papiers (moins cher), le travailleur est le producteur des richesses du rentier. D'une manière générale, on le voudrait pauvre et silencieux.

Trente Glorieuses

Désigne la période de croissance forte entre l'après-Seconde Guerre mondiale et 1975 en Europe.

Trente piteuses

Fait référence à la période 1974 – 2004. Il faudrait une bonne guerre pour retrouver les Trente Glorieuses!

Troïka

Trinité malfaisante.

U

Union Européenne

Conséquence de l'incapacité des pays européens à collaborer au travers de leurs frontières ; échec de l'intelligence.

Usine

Lieu de travail qui suit un sens migratoire du nord vers le sud et de l'ouest vers l'est. Dans ces contrées, l'usine est appelée: camp de travail ou camp de rééducation c'est selon.

Usure

Dérivé du latin *uti* : « se servir de ».

Alimente la crise : les prêts consentis aux Etats présentent des taux et des conditions générales ne leur permettant pas de rembourser. Ils empruntent alors pour rembourser les emprunts. C'est une spirale de la rapacité des organismes bancaires qui assujettissent les nations ; le crédit *revolving* à grande échelle.

V

Valeur ajoutée

Salaire retranché.

Valeur faciale

Exclusivement exprimée par les chiffres, peut présenter une sale gueule.

Valeur pour l'actionnaire

Mot d'ordre de l'entreprise ; toutes les énergies doivent tendre à nourrir les fauves. Le client devient un prétexte, l'employé devient un outil, le capital est la finalité.

Valeur résiduelle

Montant des retraites.

Valeur travail

Détermine le statut et le rôle social de chacun :
« Profession du père ? Profession de la mère ? Quelle est votre profession ? »
« Sans profession » est peu audible sauf, bien entendu, pour les femmes qu'on aimerait voir et revoir rejoindre la sphère domestique.

W

Waouh

Borborygme du trader.

Waterproof

Capacité de résistance des banques aux crises qu'elles déclenchent.

Waters

Lieux de transparence des marchés financiers.

Week-end

Congé de fin de semaine composé du samedi et du dimanche seul jour où la marchandise est au repos, pour combien de temps ?

Wifi

Accès au sans fil après avoir dénoué les nœuds des fils du raccordement électrique et ceux des différents accessoires (disques durs externes, caméra…)

Window dressing

Maquillage des comptes.

Wall street

Occupée par l'indignation.

Working poors

Ere nouvelle et résolument moderne qui a imaginé le travail qui appauvrit.

X

XI (ξ)

Quatorzième lettre de l'alphabet grec, l'occasion d'une pensée pour les Grecs.

Y

Yacht

Niche fiscale flottante où aime à se réfugier les élus du peuple.

Y-a-qu'à

Borborygme compulsif des faucons.

Yoyo

Cours de bourse.

Yoyoter

Parler des cours de la bourse.

Ysopet

Recueil de fables au Moyen-âge.
Compte-rendu d'un économiste

Yen

Y en aura pour tout le monde.

Z

Zéro défaut

Fantasme de toute puissance.

Zinzin

Désigne euphoniquement (en faisant la liaison) «les-investisseurs-institutionnels» c'est-à-dire des organismes qui font des placements importants d'argent pour le compte d'un tiers (fonds de pension par exemple). Les Zinzin réclament des taux de rentabilité supérieurs à la croissance économique mondiale dans une logique très élaborée du type : « Tout et tout de suite » un peu comme des crocodiles nourris au yaourt à qui l'on donnerait un poulet.

Zone Euro

Ensemble des pays membres de l'Union européenne ayant adopté l'euro comme monnaie commune. Certains n'ont plus tous leurs doigts tant ils les ont mordu.
Synonyme : merdier.

© 2012, Camille Case
Edition : BoD, 12/14 rond-point des Champs Elysées, 75008 Paris
Impression : Books on Demand GmbH, Allemagne
ISBN : 9782810623013
Dépôt légal : mars 2012